창조문학대표시인선 · 296

잉어이랑

이영지 시집

창조문학사

□ 시인의 말

잉어이랑

이 시집 이름은『잉어이랑』입니다. 하나님이 만든 물속에 이토록 아름다운 잉어가 떼 지어 노닙니다. 잉어이랑은 시냇물 속에서나 아니면 집안에서 아름다운 모양으로 헤엄치고 있는 유리 항아리 속에 담겨진 잉어 떼 빠알갛고 노오랗고 황금으로 그리고 분홍의 잉어입니다.

잉어는 시적 화자 나입니다. 잉어는 전래 동화로서 혹은 전설로서 전해옵니다. 살려준 은혜로 예쁜 아내를 얻는 총각 이야기도 전해옵니다. 또 있습니다. 젊은 새댁에게 열심히 조상에게 간절히 빌었더니 꿈에 잉어를 먹을 것을 알려 주어 이 잉어를 먹고 예쁜 아기를 얻는 다는 전래동화가 있습니다. 또 파평 윤씨와 얽힌 아름다운 이야기도 있습니다. 오늘날도 파평 윤씨 가문은 잉어를 먹지 않는다고 합니다.

시냇물에 아름답게 수를 놓은 그 진기함에 놀라움을 금치 못하면서 아른아른하는 잉어와 어울리며 해 지는 줄 모르던 예비 시인도 잉어이랑이었습니다. 잉어인 나는 이제 신학을 전공하면서 신앙측면에서 바라보는바 신학을 하는 마음의 기쁨이 있습니다. 다름 아닌 고기가 신앙인이라는 의미인 동시에 더 큰 의미로 우리를 구원해주시는 예수님 의미로까지 확대되는 일은 놀라움입니다. 고기와 사람이 마음으로 통할 수 있다는 잉어 이야기가 책 이름 정하는 결정적인 이유입니다.

고기와 사람이 마음이 통할 수 있다는 놀라운 일은 바로 제 마음에 그리고 저의 입안에 감도는 달콤함에서입니다. 그리고 시인인 저도 참여하는 한 마리 잉어라는 점입니다. '잉어이랑'이 된 저는 잉어와 나와 어울리는 그 친근한 마음을 불러일으키는 제목 『잉어이랑』 입니다. 저의 마음에 아름다운 잉어 마음씨의 전설로 남기를 바라 잉어와 어울립니다.

시가 움직이는 느낌을 주게 하는 이 '잉어' 고기가 전하는 진리는 온 우주를 하나로 어우러지게 하는 철학시학이자 신학철학을 펼치게 해 줍니다. 고맙습니다.

'잉어이랑' 언어가 주는 메시지는 잉어가 은혜 갚는 매혹적인 고기라는 점입니다. 뿐만 아니라 잉어의 처음 글자 '잉'이 바로 앞의 말을 극도로 그렇다고 해 주는 강조로서 극도의 긍정으로 쓰일 수 있는 '…잉'에 있습니다. 이처럼 사랑스러운 느낌을 이 시집에서 놀라움으로 이 시집에 쓰입니다.

'잉어이랑'은 잘 어울리는 이미지입니다. 홀로가 아니라 여럿이서 은혜를 갚고 남을 도와주고 그리고 신앙생활을 잘 할 수 있는 마음의 이미지입니다. 감사로서의 어울림을 소망하는 시집 이름입니다. 물에 화려하게 수놓아지는 잉어 떼의 모습은 어릴 때의 그 아련한 추억, 시냇물 가에서 물을 아름답게 수놓음을 바라보는 마음의 기쁨입니다.

이 시집의 특징은 시조운율에 맞춘 이론을 실행하는 시집으로서 입니다. 일반적으로 시조작품은 15자 내외라는 일반학설을 뒤집은 이론실천 전개입니다. 한국의 보물 중 하나 대한민국에만 있는 한국문학시조작품의 운율, 음수율의 정형율은 초장 3 · 4 · 3 · 4의 14자와 중장 3 · 4 · 3 · 4의 14자와 종장 장 3 · 5 · 4 · 3의 15자를 합한 43자 이론입니다. 이에 따른 실천성격을 띕니다.

시조 한편 43자가 만드는 전통 율은 첫째 사람의 오묘한 숨쉬기 일평생 리듬 3 · 4로 시작하여 4 · 3으로 끝나는 이론에서 처음 초장의 3자와 끝 자 3자를 똑같은 음수율 리듬으로 합니다. 시조작품의 43마방진은 시조 한 편이 45자 내외라는 학설과는 다르다는 논리를 실행으로 한 리듬입니다. 시조문학 리듬은 3으로 시작 3 · 4 · 3 · 4 · 3 · 4 · 3 · 4 · 3 · 5 · 4 · 3의 끝 3 숫자로 끝나는 법칙입니다. 다시 더 정의하면 시작 3 · 4로 시작 그 끝이 4 · 3으로 끝납니다. 한 생애를 잘 마무리는 리듬입니다. 아름다운 인생 살기의 3의 리듬으로 끝나는 리듬입니다. 시조한편은 총 43자입니다. 시조작품 진가는 한 작품 안에 한 사람의 생애 리듬 43자로 하는 아름다운 의미유추입니다. 인생의 아름다움을 몸으로 설명하는 일생의 하나님의 오묘한 마방진 리듬입니다.

『잉어이랑』 시집은 '1부 잉어이랑' '2부 라합 잉어이랑' '3부 잉어처음잉어' '4부 잉어더듬이'로 되어 있습니다. 1부 이미지는 잉어 그대로 우리의 일상에서 이어져 오는 전설과 동화의 잉어 발굴로 아름다움이 살아 숨 쉬고 있습니다. 2부는 히브리어에 있는 라합 이름이 우리말 그대로 '넓다'에서 붙여진 이미지입니다. 서로 협력하여 하나님의 일을 잘하는 무리 의미입니다. 3부는 잉어가 전하는 분위기 즉 이미지 분위기의 아름다움입니다. 4부는 혼자서는 더듬이 인생이기에 신앙의 감사함이 있습니다.

하나님 일의 사역을 잘 한 사람은 글자그대로 사역자 잇기 이미지입니다. 이에 시적으로 탈바꿈하면서 잉어이랑은 은혜 갚기와 출산이미지와 아름다운 입속에 맴도는 달콤함이며 뒤에 붙이거나 앞에 따라 붙어도 무리가 없어서 그 달콤함 이미지가 그대로 귀로 듣는 소리시학입니다.

하나님의 말씀을 늘 듣고자 하는 몸이고자 노력하여 마음에 늘 행복이 있습니다. 몸이 살아 있습니다. 시를 쓰면서 제 가슴이 콩콩 뛰었습니다. 하나님이 만들어낸 제가 이렇게 오묘할 수 있나 하는 감사로 하여 행복이 콩콩 뛰었습니다.

이영지

이영지 시집

1부 잉어이랑

2부 라합 잉어이랑

3부 잉어처음이랑

잉어이랑
이영지 시집

4부 더듬이잉어

1부
잉어이랑

잉어이랑

나
만을 두르고도
꽃바람 휘파람에
입술로 뽕긋뽕긋
동굴게 사랑하라며
잉어이랑
잉어
잉

등위에 물방울을

해
빛에 받아들며
사랑이 빛나도록
보듬고 제잘제잘
봄보다 더 봄봄으로
잉어이랑
잉어
잉

분홍잉어이랑

벗
이요
그대는요
비 오는 날에 보는
분홍 옷 날개 들고 분홍 옷 분홍구두
분홍 옷 분홍치마로 분홍잉어
분홍
비

정말로 사랑하면

정말로 사랑하면
당신의 눈동자에
나 먼저
어리나 봐
오늘도
당신만을 내가 비치나 바라보고 바라봐

잉어이랑앵두이랑

잉어의 이랑에는 두 볼이 꽃잎날개
앵두의 이랑 닮아 뽀뽀오 숨어들어
볼로록 들이마시는 꽃 입술이 닮았네

입가를 동그랗게 잉어의 종을 달고
앵두 빛 물 무게로 동그란 종을 들고
여기 좀 여기요 여기 꼬리표를 달았네

가슴과 배꼽사이 가슴 폐 그 안에로
숨 쉬기 이어가기 행복이 들어가기
화알짝 가슴 웃느라 가슴 종을 달았네

잉어의 이랑이랑 입들이 오물오물
미끄럼 잘도 타며 이랑을 지어가는
꼬리로 이랑꼬리의 꼬리 종을 달았네

잉어아내

잉어의
이랑마다 물오른
아침이랑

햇살에 해를 닮아 햇볕에 황금잉어
숨구멍 하나하나에 해 닮 잉어
잉어 잉

잉어의 이랑에는 물이랑 잉어이랑
예쁘게 콩콩거릴 바람의 물이랑이
물 오른 햇살이랑이 잉어이랑
잉어 잉

잉어이랑꼬리

물 꼬리 잉어이랑
꼬리에 꼬리이랑
베에엥 빵 돌돌이
햇빛이 돌돌이랑
보느라 쳐다보느라 뽕긋뽕긋 줄이랑

꼬리에
물의꼬리 돌돌이 반짝반짝
물들은 지금 한창 서로들 꼬리이랑
잉어는 황금 물새로 잉어이엉 줄이랑

잉어 안 해

안 해는
잉어아내 물 안에 맴 돌아요
물들어 사랑 들어 해의 빛 몸에 들여
지금은 하늘 나르는 꿈속으로 들어요

은방울 잉어

은방울 똘도르르
행복 비
줏느라오
한낮은
여름바람
바람비
달리라오
은방울
연못위에로
은방울 비
또도르

장 미 비

장 미 비 밤을 샌 다
장 미 비
꽃잎바다
아 예 예 장미 그걸 다 달아버린
장 미 비

이끼

폭포수 아래에 서
아뢰올 말씀에는
풀피리 같이 엮어 달리는 낭떠러지
파랗게 이엉을 엮는 강원 삼척 육백 산

아래에
웅장하게 열리는
연못깊이 3~4m 하늘 새가 포르날아
줄줄이
이끼의 절벽 소리까지
받아줄

산비탈 타고 도는 육백 산 연못에는
마음의
마을 지나 흐름을 따라가며
걸어서 닥아 갈수록 내 물소리
어리는

새

불 속에 들어서도 살아나 훠얼훠얼
불바다 그 늪에서 온몸이 살아있어
물불을 켜 드는 힘이 어디에서 오니까

*물불: 사드락, 메삭, 아벳느고는 불 속에서 살아남.

버들

줄줄이 능수버들 잉어의 이랑이다
물속을 땅 위에로 길길이 늘여놓고
속삭임 휘늘어지는 능수버들 만찬회

불꽃

비늘을
겹겹이 단
불빛이
숨 쉬어요

물속의
날마다를
모아서
주황불꽃
화안한
불 모으기로
희망 빛을
달아요

살빛아가

부풀은 가슴 안이 나올 길 열리는 날
보여준 깊이에는 잉어의 사랑하기
쏟아내 살빛을 보여 드리는 일 뾰오옹

바람이 부는 날도 둥글게 꼬리 잡고
서로들 뽕긋뽕긋 만나는 웃음 따라
잉어의 예쁜 꿈들이 아기 낳아 뾰오옹

새 새댁 소원이룬 이야기 기리기리
물 위에 뜨는 가슴 그래서 녹아나는
아가의 울음소리가 잉어이랑 뾰오옹

연못가 능수버들 꿈속이 이어지며
늘이기 좋아하여 물 비단 깔아주고
새 새댁 웃음 깃발을 보여주며 뾰오옹

날개를 겹겹이 켠 불빛이 들어나고
아가의 웃음소리 문창을 밝히느라
화안한 사랑 모으기 잉어이랑 뾰오옹

밥 풀 데기 잉

겨울에 잎이 지는 콩과의 떨기나무
3~5m 키로 크며 밑 부분 여러 이랑
이름이 밥 풀 데기야 밥 먹이는 잉어 잉

잎보다 꽃 먼저로 마음을 펴 보이는
하나의 꽃눈에서 일여덟 서른까지
꽃 피는 둥근 심장의 잎으로도 잉어 잉

잎들이 반 접히며 씨앗을 달아두려
잎맥의 흔적까지 꼬투리 벌어지며
사랑의 자취까지를 남겨주는 잉어 잉

사랑의 뿌리로도 달여서 대하증에
껍질을 다려서도 사랑 물 생리통에
신경통 밥 풀 데기 꽃[1] 마음 여는 잉어 잉

---

1) (1)紫荊皮(자형피) - ①7-8월에 수피를 벗겨서 햇볕에 말린다. ②성분 : 紫荊(자형)에는 tannin이 함유되어 있고 종자에는 미량의 遊離(유리) lysin과 asparagin산(酸)이 함유되어 있다. ③약효 : 活血(활혈), 消腫(소종), 通經(통경), 해독의 효능이 있다. 風寒濕痺(풍한습비), 월경폐지, 월경통, 喉痺(후비-喉中閉塞不通(후중폐새불통)), 淋疾(임질-소변이 快通(쾌통)하지 않고 통증이 있다), 癰腫(옹종), 癬疥(선개), 타박상, 蛇蟲咬傷(사충교상)을 치료한다. ④용법/용

길 따라 잉

초록을 뿌려놓고 눈 들며 하얀 길을
걷는다 닥아 오는 길 따라 밭을 간다
초록에 둘러싸여서 마음길이 열린다

량 : 6-12g을 달여서 복용한다. 술에 담그거나, 丸劑(환제), 散劑(산제)로 하여 복용한다.

(2)紫荊根皮(자형근피) - ①약효 : 破瘀(파어), 活血(활혈), 消癰(소옹), 해독의 효능이 있다. 狂犬咬傷(광견교상)에는 신선한 자형목피를 傷口(상구)의 주위에 붙이고 婦人(부인)의 遺尿症(유뇨증)에는 자형근 15-24g을 술, 물 각 반잔씩을 넣고 달여 복용한다. ②용법/용량 : 6-12g을 달여 복용한다. <외용> 짓찧어서 붙인다. (3)紫荊木(자형목) - ①약효 : 活血(활혈), 通淋(통림)의 효능이 있다. 부인의 痛經(통경), 瘀血腹痛(어혈복통), 淋病(임병)을 치료한다. ②용법/용량 : 15-30g을 달여서 복용한다.

(4)紫荊花(자형화) - ①약효 : 淸熱(청열), 凉血(양혈), 小腸(소장)을 通(통)하게 하고 袪風(거풍), 해독의 효능이 있다. 류머티성 筋骨痛(근골통), 鼻中疳瘡(비중감창)을 치료한다. ②용법/용량 : 3-6g을 달여서 복용한다. 또는 술에 담가 복용한다.

(5)紫荊果(자형과) - 咳嗽(해수)와 妊婦(임부)의 心痛(심통)을 치료한다. 6-12g을 달여서 복용한다. <자료출처:국가생물종지식정보시스템>

소곤소곤 잉어

잉어가 소곤소곤 볏 잎은 반짝이랑
춤춘다 속삭인다 말소리 고개이랑
잉어의 사랑만큼은 온몸이랑 잉어 잉

초록 떡

자라는 벼이삭이 좀 달면 논둑이랑
파래진 뒤 꿈 치를 마아냥 들어가니
이 논과 저 논의 구분 없어지는 초록 떡

하늘도 땅도 길도 같아져 파란이랑
마을도 파래지고 마음도 파래지다
초록 떡 한 장으로다 혼 천하가 초록 떡

온 들이 파래지면 이어 잉 내가 파래
푸르게 상생이다 하늘이 파아랗고
만물이 파래지면서 낳고낳고 초록 떡

2부
라합 잉어이랑

넓히기

가슴이 아주 넓어 라합이 되었지요
잘 보며 이방 저 방 다니며 하나님 일
하느라 잉어 마을이 잉어이랑 잉어랑

잉어로 환 한 이랑 서로들 웃느라고
앞가슴 환 한 이랑 새파란 잉어이엉
잉어가 물속에서랑 어화 둥둥
잉어랑

잉어방정식

볼래요
가로 세로 똑같이 방정식을
볼래요
지금 엎더 볼래요 산 웃음을
흥겨운 산 나무들의 웃음소릴
볼래요

한낮이 햇빛점심 하안창 한 창 한 창
하아하 호오호오 오므락 오물오물
사랑을 그린만큼의 오물오물
한낮이

샛노란
벼이삭이 방긋 빵 웃느래요
깻잎이 노랗도록 익어갈 즈음이라
샛노래 나에게 와서 배불뚝이
샛노란

보실레

보실레
뿌려놓고 눈 드는 하얀 길의
하늘이 닥아 오는 밭이랑 한낮에는
보실레 덩덩 더덩덩 기쁜 춤을
보실레

보실레
익어가는 나락이 반짝반짝
덩더쿵 나락들이 벼 잎의 사이사이
보실레 잉어가 베푼 사랑둘레
보실레

꽃 사랍잉어

내 신을 벗어들고 내 손은 어쩔 줄을 모르고 비춰오는 햇살을 담뿍 받아
그대의 꽃 가슴이 와
벗어들며
와 와 와

두 손을 번쩍 들고 참으로 받쳐 들고 내 님을 받쳐 들고 날마다 떨기나무 안타는 그림 속에 앉아서 열두 구비가
잘도 잘도
와 와 와

둥우리

복숭아
꽃 둥우리

맨발로
맴돌면서

꽃비의
복숭아 빰

두 손을 감싸면서

그대의
꽃사슴으로

복숭아 달
내린다

비누 내음

비누를 사알사알 묻히어 생각해요
비누가 생각하라 뜻에요 억누르지
말아요 비누=בינו[비누] 방울 방울방울 날아요

집안의 어른에게 물어요 서두르지
말아요 비누로만 누비어 들어봐요
잘 여쭤 문대어 봐요 부드러운 속삭임

물에만 녹아나요 물이 말씀에요
먼저는 물어보고 그리고 문질러요
사알살 마음이 녹는 부드러운 느낌요

날마다 입느라고 하얀 옷 내 옷 위에
낀 때가 날로 익어 저리로 저리 끼고
그래서 나의 빨랫감 비누에게 다가 가

손으로 옴팍옴팍 빠르게 비벼비벼
그리움 뛰다뛰다 싹싹싹 비벼비벼
옷걸이 올라앉으며 달콤 내음 파악팍

풍기는 그리움의 내음을 반겨주며 날이며 날마다로 달콤한
부드러움 그리운 단 비누 내음 기분 좋다 으으음

하늘삼아잉어

살아요 하늘삼아
걸어와 흔들리는 동안에 나는 지금
꼼짝을 하지 못해
여기서 기다리노니
백합의 잔
잉어요

살아요
풀 향기로 메노니 오실 동안
방방이 마다 도피성 매달고서
여기서 기다리노니
향기 바다에
잉어요

잉어입술

입술로
꽃가지에
마음을 걸어두자

하늘이 걸어 나와
입술의 잉어이엉

내 작은 찬란한 입술
몽울 몽울 피어나

가족잉어

어머니
얼굴에는
둥글고 아름다운
눈빛이
하늘 닮아
입술이 방긋하여
작은 딸 입술 방긋해
큰 딸애는
코 오뚝

아들의 얼굴에는
하늘이 들어 있고
입술은 잉어
코 오뚝 절로 돋고
자전거 둘둘 말이로
아빠
이
엉
돌도리

복숭아 꽃 빰

하늘이 푸를수록 복숭아 꽃 빰으로
꽃부터 달아놓고 봄이 다 갈 무렵에
복숭아 알았아와요 하늘 푸름 안아요

살며시 푸르름을 더하며 잎이 나며
봄날이 짙을수록 그리움 파란 꿈이
발그레 알았아와요 나무위로 앉아요

말로는 할 수 없어 이른 봄 나무위에
마음을 얹어놓아 꽃길에 앉아보며
봄빛에 알았아와요 메달리 듯 필께요

빈손잉어

어머니 태에서만 가져온 선물이닷
마아냥 무얼무얼 움켜질 그때 보다
어머니 뱃속에서 온 빈손 배부름

아침의 노래 가락 이어서 여름의 땀
추수의 이삭이 된 하늘 땀 어머니 속
빈손에 예쁜 에프론 잉어이랑 배부름

아가잉어

아가야 아가잉어
아가야
하늘 아래
봉오리 땅이 솟고
아가야 아가잉어
아가야 꿈 틀 잉어랑
사방팔방 파팔딱

솔로몬잉어

사방의 아리따운 동녀를 구하다가
수넴의 아비삭을 왕에게 데려와도
동침치 솔로몬 잉어 아니하여
옆에서

아리랑잉어꽃신

꽃신을 신어 봐요 봄에는 노랑꽃에
여름은 빨강 꽃에
잉어는 노랑꽃에
다음은
꽃신아리랑 잉어까지
아리랑
꽃신은 진달래의 꽃 산에 두는 오고
이랑은 향기만을 두고 오고
알아서
꽃신아리랑 치마안쪽
아리랑

아리랑잉어사내

현깃증 어지럼증 도지는 날이로다
하늘이
얼굴에다 덧 분을 진뜩 발라
산에는 아리랑
지금 사내
뱅글
뱅
돌아라
사내
꽃나무 산에
돌아라 뱅글그글 몸 둘 길 모르는데
분홍의 얼굴 되라고 산에 붙여서
현깃증 돌아들어
발길이 뒤뚱뒤뚱
파아랑 모자까지
아이고
마
내사 마
눈 둘 길
없어라 마아
모르겠다 봄 산에

식구잉어

애들아 이리와라
꽃 뿌리
꽃을 봐라
꽃망울 꽃 들바람
구름 위 꽃을 봐라
꽃 아침 구름바다에 너울너울 흘러라

고향

고향은 느을 있다
보고파 입을 열어
뽱뽀봉 전화선에 고향이 묻어나다

어머니 고향선
엄마아아 나에요

고향이 구름이라 거기가 고향이라
들리는 고향잉어
고향이 에덴이라
음성이 거기 계셔서 하루하루 나에요

오오냐 그래그래 좋구나 천국이지
어디든 조심하고 고향이 어머니지
어디든 잘 있음 됐어 그래그래
오냐아

여인잉어

노오란 치자 물로 모시에 물들이고
치자 꽃 구름나라 포르르 날리느라
은장도 여인잉어가 사랑꽃이 꼽느라

노오란 치자 물로 명주에 물을 들여
노오란 저고리를 입은 날 토독토독
자주의 옷고름 사이 볼로로록 젖가슴

77에덴잉어

아아주 짙은 청색 하늘에 줄 내리며 네 잎의 클로버를 건져다 올려놓고 높다란 청색 하늘의 77
에덴이

무너미 행복 줄이 거기서 여기까지 들어와 하루라도 거르는 일이 없이 쭈우욱 길게 늘어서 77
에덴이

잉어나방

나방이 나팔나팔 가슴에 취해서다
알뜰한 누에의 벅찬 누에 집에
비단실 질곡 속에서 나방 알싸해

꿈이다 아쉬워도 긴 잠은 자지말자
눈뜨면 끝없는 잔디 위 하르르르
모처럼 머리 빗느라 나른나른 햇살에

잉어날개

아련히 발길이어 내 발길 구름일레 스르르 미끄러이 꽃잎에 걸어볼까 휘영청 높낮이로만 휘돌아 날을까

질러서 발길이어 오르는 난 나그네 비이잉 둘러이어 달구경 하여가며 아침의 발길이어 크낙한 한 점을 향해 수를 놓아 걸을까

잉어산골

손가락 물고서서 머어엉 쳐다보는
시메 산 아이들을 날마다 보러갈까
한 달이 하루인양에 차츰 익어 가 볼까

한 낮의 원두막에
나 때문
딩덩굴 덩 올라온 둥글 글 수박으로
빠알간 원두막에서 잉어 같은 널 볼까

그리움잉어

파르르 한 잎 꽃잎
꽃가지 꽃부리 긴
동굴을 지나면서 봄이 와 샛노랗다
조금은 그리움잉어 샛노오란 그리움

당신

오!
지금
이 편지는 그 아래 심심산천
구릉 밑 구름장을 딛고서 보내드릴
한 장의 잉어 바람이 불어온다 노래로

오!
지금
풀 섶 끼리 어울려 아우르는
초록의 행운 한 장 꺼내어 보내드릴
행복이 마냥마냥 날 바람 한 장 노래로

오!
지금
보아야만 하리라 엎드리면
꿈 하늘 노랫소리 부끄럼 아니하는
바람의 빠알간 잉어 물 함대 힘 노래로

잉어단비

그린 비
타듯 티듯
잉어의 나비 뜨락
잉어의 산들 뜨락
그린 비
투표용지에 동그라미 단비다

라일락잉어

라일락
춤추느라 마당을 쓸고 닦는
환해진 뜨락 안을 향기로 넓히느라
그대의 라일락잉어 사르르르 끌리네

잉어가
춤추느라 기이인 옷자락을
바람이 끝 마당에 서서는 하늘거릴
긴 소매 라일락잉어 향기타고 끌리네

달님잉어

더 하도 덜하지도 둥그런 달 닮으라 머언데 그리 운이 가까이 모셔오라
잉어의 달이 둥그런 넉넉하고 좋구나

달 잉어 밤알 한 톨 오드득 깨 맛처럼 둥근 상 둘러앉아 가운델 이어가면
잉어의 기쁨 둥그런 넉넉하고 좋구나

잉어가슴

젖가슴
잉어가슴
그러면
잉어덩이
수줍게
오무리면
소중한
잉어가슴
반지가 반짝이다가 젖가슴이 웃네요

반지의 잉어가슴
다음에 그다음에
아직도 손가락에
얹히는
잉어가슴
언제나 순결이에요 맑은 호수 눈웃음

바다잉어바다

햇살의 동그라미 안으로 들고 싶다 오르다 달리다가 해 앞에 바다잉어
지금은 해의 크기로 바다잉어 낚인다

3부
잉어처음잉어

잉어처음잉어

햇빛이 물들었네
아침이 물들었네
온 몸이 잉어로만
아침의 햇빛으로
젖었네
잉어햇잉어 그렇다면 몸은 물

사과이랑사과

사과를 한 입 물면 달콤히 한입 물면
고향이 입 속으로 달콤히 들어와서
한 입을 가득 채우고 달콤하게 넘는다

잉어버들

갓을 쓴
여인들이 있는 곳
안동에는
왕능 수 버드나무 이 늘어지고
물 건너 잉어선비님 줄줄잉어 줄이랑

잉어겸손

달님이 내리느라 3분의 1은 내 것이고 별이 내리는 3분의 2는 그대 것이고 내꺼는 잉어닮느라 3분의 1 내꺼야

잉어살결

바다는 지금한창 물이랑 살결들로 몸살을 앓는 중임 살가운 살결이랑 정말로 잉어이랑을 주실 것이 분명해

푸른 산 지금한창 풀이랑 살결들로 몸살을 앓는 중임 살가운 살결이랑 정말로 산새이랑을 주실 것이 분명해

오월의 보리 익혀 찰찰찰 손수건의 하얀 슬픔을 흘러내린 파랑새 무슨 이랑을 주실 것이 분명해

정말로 무릎 꿇어 그대의 발아래께 말씀을 듣느라고 밤새는 저에게도 행복한 잉어이랑을 엮으실 게 분명해

나그네잉어

풀잎도 봉오리도 들바람 만나서는
더러는 고개 숙여 잎 바람 바람결에
솔바람 솔솔 익느라 저 나그네 저기 저

바랍잉어

바람의 앞뜰악의 길 떠나 아슴아슴 꽃 수술 달아보려 손 떨림 봄 눈 따서
들길에 뿌리느라고 하루 종일
나그네

정말로 늘 목마른 갈증을 엮으려고 길 떠나 비틀비틀 흔들릴 나그네야
겨우내 햇빛 받으려 온 생애가
나그네

잉어의 강

하늘가 그쯤에서 한 번의 만남으로
땅 가에 그쯤에서 한 번의 만남으로
내 삶은 그 웃음으로 달콤달콤 뜨는 강

나보다 먼저 웃는 물결의 바람소리
나보다 먼저 가는 바람의 펄럭임에
여미는 내 앞자락은 그대로 서 뜨는 강

놓쳐진 그 바람 가 그 창가 그 길섶에
가슴의 바람소리 그 강가 물결소리
이 자리 한 생애만큼 그대로 서 뜨는 강

잉어기차

어울려 팔을 들어 팔짓을 모아보라
사랑의 팔 끝으로 오르는 향기보라
둥글글 들어 보아라 잉어기차 우리는

하나씩 향기 들고 달리는 기차잉어
지나는 그림마다 꽃가지 달리느라
우리는 섬에서 피는 잉어기차 우리는

잉어 향

라일락 향기 라일락 향기에요
이슬의 향기 이슬을 닮았어요
당신의 눈물 닮아서 잉어향기 엎드림

더 높이 달리시네 눈 들어 하늘 봐요
두 팔을 벌리시는 폭넓은 껴안으심
못 박힌 당신의 몸에 잉어향기 나시는

새하얀 하늘나라 하늘이 하얗도록
새하얀 얼굴에다 분홍의 웃음 드려
펄펄펄 끓는 여름에 잉어향기 나시는

꽃비잉어

꽃비로 꽃불 잡고 사랑 비
손을 잡고
왼손에 오른손에 두 팔을
함께 잡고
유난히 반짝 반짝일 두렴 없는 잉어 줄

메밀잉어

봉평의 잉어메밀 이효석 잉어소설
오온통 잉어로만 보이는 장돌뱅이
허 생원 안보일 때에 잉어메밀 봉평의

마음이 모자라는 하얀 발 들이밀고
언제쯤 지나갈까 기다린 메밀잉어
헛바람 불다 불다가 메밀잉어 먹느라

등 따순 이른 새벽 행여나 만날 가 고
땜장이 엿장수도 생강을 팔러 나온
발길에 바지 가랭이 메밀 길이 잉어길

메밀꽃 그 보다도 더 하얀 나의 순아
흰 눈물 꿀방울로 떨어진 발길에서
꾸부정 산의 사내가 메밀잉어 메밀꽃

시인잉어

어디든 눈 돌리면 어디든 매밀 꽃이
고개를 내밀면서 아직도 비밀스런
쿵덕 쿵 물레방아가 도느라고
가는 밤

메밀묵 한 사발에 송이의 얼굴까지
떠올라 왼손잡이 닮은 손
에홋까지
둥둥 뜬 메밀 주에는
그리움이 설렌다

봉평면 창동 4리 남안동
이효석을
평창군
봉평면의 메밀꽃 메밀시인
메밀묵 목소리까지 시인으로 만든 밤
남안동 엄나무는 둥둥둥
짚신 장구 강냉이
광주리에 수세미 물지게도
베 짤 때 함께 들리는
메밀시인
메밀묵

서리

그대가 오시는 아
하이얀 서리가 아
내리는 밤입니다
당신은 오시는 아
비단 비 날개 달고도
새 하아얀 정녀엉

나는 아 사슴처럼 기이인 목 느리고
새벽 녘 창 앞에서 발 시린 하얀 걸음
잉어의 날개 다느라
새롬새롬 피느라

절름발이

나의 발 내 날개는 얇아서 잘 보이고
그대의 내 날개는 두꺼워 안 보이고
두 날개 두 발이어도 절름발이 잉어요

내 창은 안개 속에 달빛이 안보이고
그대의 창 깊이에 하늘이 피어나도
두 빛이 각각이어서 절름발이 잉어요

그대

맨 처음 떠오르면
그대는 나 따라와
달빛에 마주하고
해 달이 하얗게도
웃으면 하얀 웃음이 볼에 동동 뜨는데

내 해는 볼 붉히는
그대는 나 좇아와
푸르른 꿈 따라서
해 달이 하얗게도
웃느라 하얀 웃음이 잉어이엉 달리는

여름

왜 그래 울 멍 울 멍
산 높아 그런 거야
바다래 그런 거야
울 멍 멍 아니라네
여름이 너무 더워서 그러는 거 왜 그래

한 게여 닮아 그런 거야
흔들린 여길 잡고 그런 거 울 멍 울 멍
그래서 닮는 거야
아니면 나를 닮아서 울렁울렁 한 게여

눈시울 울 멍 울 멍 예쁜 입 그런 거야
그러면 내가 잠을 못자요 못자잖아
구름이 흘러가니까 그런 거야 눈시울

그래요 구름다리 타보아 그래 봐요
비 오면 비 그네를 타보아 그래 봐요
울 러 엉 시원시원히 울 렁 울 렁 그래요

잉어이마

파아란 도장이다 팍파악 찍혔네요
사방의 바람 잡아 파파악 찍느라고
온 땅이 푸르렀네요 이리 와서 보세요

– 계시록 7장에서

둘레

바다의 그 물에다 둘러리 일만 이천[고후 1:21]
사랑의 둘레에다 둘러리 일만 이천[엡 1:13]
바다의 그 흐름 물살 일만 이천 인으로

하늘의 문설주의 입구에 일만 이천
양으로 인을 묶어 들이민 일만 이천
세 살의 아이웃음이 일만 이천 흐르는

만남

나는 늘 보고파요
그대도 그렇나요

우리는 보고파요
그래서 만났네요

우리는 만났네에요
두울 세엣 하나아

여기도 보고지고
저기도 보고지고

하아나 어허어허
딩딩딩 어허어허

어화아 어허얼싸아
좋기도오
덩 더어

4부

더듬이잉어

노을눈썹

물속의 노을만은 지금도 보이네요
아직도 눈썹만큼 둥글게 내미네요
그대로 해 그림자라 일러주는 잉어요

잉어

그 오정 즈음에는 문 앞에 늘 앉았죠
사람 셋 맞은편에 있어서 얼른 가서
당신의 발 씻으소서 그런 후에 쉬소서

또 떡을 아주 조금 조금만 가져오리니
한번이라도 떼어 잡수소서 그러소서
당신의 종이 옵니다 그런 후에 쉬소서

고운가루 세스아 반죽하여 떡 만들고
기름지고 좋은 송아지 잡아서요
당신을 위하여서요 그런 후에 왔어요

빼터와 우유와 송아지 모두 올려 드리니 모시어 들이니 당신이 잡수셨네요 그런 후에 쉬소서

-1995. 9. 8일 5시 21분 17초

더듬이잉어

빠알간 맨드라미 맨 몸을 들이미는
맨 살로 더듬더듬 빨갛게 들이미는
여름이 더듬이 새빠알간 더듬이

너머 넘어

산 넘어 강을 넘어 넘어서 구름너머
유월절 넘느라고 더위를 넘어 너머
머언데 눈물방울로 날개 끝서 울어 잉

끝 넘어 아스라이 끝자락 나래 너머
정말로 당신처럼 하늘에 계시오 잉
올라라 푸른 깃발로 잉어처럼 보이 잉

정말로 당신대신 한밤중 그 외나무
다리에 별이 오른 가운데 섰으리다
새하얀 비단으로 싸 안아도 볼 참이 잉

두 팔로 아름드리 두 팔을 펴 올리시며
날 냉큼 안아올려 보라빛 황홀함에
끌리듯 이끌리듯이 잉어로 뵈 정말 잉

잉어나리

여름이
파랗다
아
은 비단 물결들이 바람의 하늘 길을 이어
어
울렁울렁
나리꽃 멋쩍은 듯이 키 큰 웃음
써었네~
돌
사이 솟아 나온 잎들이 하나같이
엎드려
눈치껏만 맨얼굴 들어나자
나리꽃 멋쩍은듯이 황금모자
써었네~
향
내음바람내음꽃대궁파란기둥 하나둘
마냥마냥 세어
어! 남는 하늘
나리꽃 우쭐대다가
멋쩍어서
써었네~

잉어별

사랑해 아주 사랑 해 별 속 달 님까지
유난히 꿈이 많아 잉어별 그리다가
아아주 하늘과 땅이 하나로 뷘 나날들

아 그만 그녀에게 아아주 넘어가서
날마다 별 꿈꾸기 더하기 시작하다
드디어 잉어별들이 나에게 와 아 그만

멍석을 깔아놓고 둘이서 같이 누워
별 하나 나 하나야 아니야 별 둘이야
둘이서 사랑별로 떠 살아가는 아 그만

꿈나라 들어서도 날 보고 생긋 생긋
웃느라 하루 종일 힘이 나 나의 별아
오 별아 하늘 꽃비로 걸어오셔 아 그만

꽃비가 내리네요 꽃별이 되어서도
아무도 보는 이가 없어도 절로절로
웃을 일 별의 웃음을 걸어오셔 꽃비가

별비가 내리는 날 별 꽃비 되는 날에
별 눈을 닮아가며 우리는 반짝반짝

긴 날을 아주 오오래 몽울몽울 별비가

별 보고 일어나서 별보고 들어오면
잘했다 안아주며 웃어준 나의 별아
별 줍는 하루일과가 별 꿀맛이 별비가

그리움 별이 되어 사랑의 별이 되어
빛나는 별 바구니 한가득 반짝반짝
오늘밤 이 별 상자를 별님에게 그리움

별에서 나에게로 내려온 우리별님
한 아름 알콩달콩 별이 된 이야기로
꽃밭에 내려앉아서 한 생애를 별에서

잉어생명

아가야
가만히 와 생명을 입안으로
넣누나 아가야아 보이지 않았지만
아가야 우리에게 와 기쁨이 된 아가야

아가야 깃 토독토독 두드린 사랑하나
열리며 생명 줄로 드느라 밤 깊도록
엎드려 조심히 삼가 아가야아 아가야

아가야 잎사귀에 하얀빛 샬짝샬짝
새하얀 냉이 꽃에 노랑색 샬짝샬짝
토끼풀 샬짝샬짝콩 잘도 크네 아가야

아가야 너에게로 긴 줄을 내리는 날
긴 줄을 잡느라고 종일을 사랑 찾는
아가야 앞길 몰라도 잘 도 크누나 아가야

아가야 두 손 모아 두 손을 펴어 보라
아가야 보이는 건 우리의 사랑꽃술
하늘빛 받아 내리어 우리 안의 아가야

아가야 소곤소곤 사랑을 모아보라

이웃이 오손도손 들려줄 사랑소릴
들으며 웃어 보려마 아가야아 아가야

아가야 노랗고도 새파란 모심기야
줄 맞춰 늘어서서 벼이삭 파랗도록
햇볕에 종종걸음이 익고 있지 아가야

아가야 울고 있네 이리로 오려들어
자꾸만 오려들어 보채고 또 보채네
잠자리 들려하는데 울고불고 아가야

아가야 홀로서라 아가야 울렁울렁
정말로 꽃이 되면 아아주 키가 커져
꽃바람 불어보아라 아가야아 아가야

아가야 해살해살 꽃물로 포랑포랑
홀로도 커다랗게 자라렴 그래야지
파아란 나무들 늘어 울창울창 아가야

아가야 바람 세차 그래도 하늘 푸름
아가야 아가야아 눈으로 안 보여도
우리들 이만큼보다 아가야아 아가야

아가야 바람막이 사랑 줄 잡아들고
열려진 생명 줄로 이으며 대를 잇는
눈으로 안보이어도 아가야아 아가야

꽃사슴

꽃사슴
목이 기인
사슴이 울 사슴이 두리번 두리버언
꽃길을 건노라고
한걸음 한 걸음 씨익 옮길 때 마다
꽃사슴

꽃사슴 꽃이 아주 작아서 사슴꽃잎
날개를 쫘아악 펴 사슴을 올려놓는
한걸음 사뿐 사아뿐 꽃잎 얹힌 꽃사슴

꽃사슴 목 언저리 꽃잎이 몽울몽울
꽃잎을 단 가지는 안 보여 꽃잎만이
사슴은 꽃 목둘레가 너무 길어 꽃사슴

꽃사슴 목이 기인 사슴아 너는 정녕
목은 더 길어지며 눈은 더 높아지며
꽃 관이 얹히느라고 흰 점 토독 꽃사슴

눈이 오는

눈 오는 오늘 아침

눈신발 하얀 마음 얹어서
따르느라
하늘이 하늘하늘
춤 춰요
뱅뱅글 돌아
나를 안아 주어요

두 물머리

두 물이 두 물 머리 남한강 북한강의
둘이서 하나 되어 만나는 물고기로
우리는 오늘도 만나 하나 되어 흘러요

두 물의 고기들이 다 같이 모여들며
우리 물 이렇게도 잘 흘러 서로 만난
부용산 청계산 곁에 형제 봉이 지켜요

두 물이 흘러흘러 아주 잘 만나면서
헤어져 지내시지 말아요 그리 마요
우리를 서로 반기는 두 물 머리 여기요

발길이 돌려지지 않아서 만나지는
운명의 우리 둘이 살 비벼 사랑하자
하늘이 내려다보며 오른손을 들어요

푸르른 하늘까지 축복의 빵파레로
물결의 휘날레로 하늘에 물결이랑
한 물을 이루느라고 출렁출렁 한마당

오오오 물이에요 물나라 두 물머리
남한강 북한강요 남북이 한 강 한 강

하나로 정말 만나요 우리 둘이 안아요

머리로 두 물 머리 사랑을 안아들고
아아주 아름다운 우리 꽃 한 송이를
머리에 살짝 얹어서 향기 뿜어 볼께요

두 볼의 보조개네 봉긋이 들어나네
오오오 남한북한 한강의 남한강의
400년 느티나무의 아래에서 만나요

나란히 어깨 맞대 하나로 훠얼훠얼
꽃바람 향해 날갯짓 하느라고
두 산이 날개를 펴며 하늘 까지 오르며

꿀 먹고 자라는데 보조개 쏘옥 들어
지도에 참외 씨로 콕 찍어 광주부 1750
우리는 볼 비며가며 두 물 머리 팡 팡 팡

입술

매화가 첫봄열고 입술을 달았어요
빠알간 입술로만 말하고 싶어서요
긴 겨울 잘 지나놓고 고마워서 매화가

입술을 달았어요 오로지 말하려고
말하고 싶어서요 입술을 열었어요
한 눈을 팔지 않고서 가지 휘게 입술을

아 글쎄 말하려고 팡파앙 터졌어요
터지며 입술 열며 입술이 꽃술로요
한 마디 할 때 마다 잘도잘도 아 글쎄

하나로 되느라고 우리 둘 되느라고
우리 셋 까지 와서 파아앙 파아아앙
빠알간 입술이 돋아 꽃술입술 하나로

파아란 하늘아래 빠알간 두 입술이
그 분의 축복 아래 얹히는 꽃술입술
파아란 하늘아래에 행복이랑 파아란

가을

잎들이
쿨럭쿨럭 거린다 울어댄다
것 잡을 수 없게도 한 없이 약해지는
물보라 그대 안으로 얼굴 묻는
잎들이

춥다고
45도로 돌리며 하늘 안에
드느라 눈 부시는 은방울 도르도르
우아한 그대 안으로 찾아 간다
춥다고

얼굴

뽀오얀
흰 얼굴에 언제나 웃으신다

와아락 달려들어 함바박 안기고픈
모든 걸 털어놓고픈
하
맑음이 뽀오얀

사뿐히
조용하다
하 맑은 이슬 닮다 두 손에 담아들다
금방에 물이 들다
배시시 맑은 바람이
나에게서
사뿐히

단아한
머릿결로
뽀오얀 흰 구슬로
퐁퐁퐁 솟아나는 우리의 물이야기
오온통 사랑물결이 살랑살랑
단아한

나날

좋아라 싸비비며 싸비비 모이는 날
둘이서 하 좋아라 셋이서 하하 좋아
좋아라
하 좋아라 하 좋아라 하 좋아라

요사이

사랑해
하라시며 아버진 채색 옷을
주셨죠
밭에서도 보이죠
열두 단이
절하며 일어서서들 둘러리선
사랑해

해와 달 열 한 별이 내게로
우루루들
절하여 엎드린다 그리고 우향 몰약
은 이십 값어치 넘는 낙타 등에
해와 달

그래요 사랑하라 하셔서 살아 가죠
열일곱 나이에도 눈 섶이 푸르도록
당신을 사랑 하람에 요사이에 그래요

– 요셉 이야기 1995.5.21. 19시 35분 45초

햇살

햇살이 내게 와요
햇살로 다듬어요
햇살이 내게 오면 해의 살 닮아가요
난 지금 콩콩 뛰면서 행복 몸이 숨쉬는

햇살이 돋았어요
아아주 조금씩만 햇살이 늘어나요
햇살의 앵두에요
앵두의 옹알옹아리 행복 몸이 숨쉬는

햇살만 먹고 지고
날마다 붉어지며
햇살의 덩어리로
햇빛을 주시기에
햇살로 사리살짝궁 행복 봄이 숨쉬는

솜방망이

웃네요
솜방망이
날마다 하얀 눈이 펑펄펄 내린데도
저 멀리
아침 해가
비치며 나에게로 와 녹여주며 웃네요

웃네요 해를 보며 눈 나라 꽃에게로
담장을 넘 나들며 노래를 들려줘요
하늘이 햇빛내리면 눈 녹아서 웃네요

웃네요 밀물처럼 되 오는 햇빛바람
눈빛을 한데모아 파랗게 칠을 한다
하늘이 파란햇빛을 내리느라 웃네요

웃네요 긴 겨울의 길고긴 눈이어도
눈덩이 하늘만큼 산만큼 싸이어도
햇빛이 무게 다느라 그리움이 웃네요

꽃망울

우리는 꽃망울로 가슴이 다 보이는
날개를 달았어요 길가에 나 앉아서
사랑이 이런 거라고 알려주려 우리는

우리는 햇빛 따라 고개를 옮기어요
향기가 나는 곳을 따라서 가는 날에
행복이 이런 거라고 알려주려 우리는

우리는 햇빛만큼 쏟아서 기다리자
하루가 햇빛으로 사랑을 시작하고
오온통 우리 벌판이 햇빛 되려 우리는

일기

포오란 사랑두께 뽀오얀 볼우물로 다소곳 숙이고서
포로롱 꿈꾸듯이 행복이 봉긋봉긋이 솟아올라 포오란

요기

사랑요
요기는 요
요기요 요기만큼 요기요 꿈 방울이
땅으로 내리시며
아가야 가슴 드러내
해살해살 사랑요

아가야
해살해살 눈썹달 웃느라고
두 발을 오무렸다 펴었다 웃음방울
아가야 하얀 맨발이
꼬물꼬물 아가야

야곱

나를 봐 꿈이 익어 꽃 섶을 물들이면
사랑이 둘레둘레 여물어 손 모으고
안으로 감싸면서 서 그대는 늘 나를 봐

하나님 손에 잡힌 야곱이 집을 떠나
하란을 떠나면서 두 배의 입맞춤만
들고서 가는 길에는 두 눈 모두 하나님

성경의 부부요

당신은 나의 가슴 갈비뼈 저는 당신
당신이 없다 면은 못살아[2] 반쪽 가슴
안개[3]는 이슬 눈으로 햇빛 볼 수 없어요

머리[4]로 만나줘요 저녁엔 같이 해요
서로가 하늘구름 사랑을 만나 봐요
당신의 바다 사랑에 가슴 눈을 열어요

공다닥 콩닥콩닥 포로르 날아가는
에덴의 동산에서 가슴[5]을 보여줘요
흐르는 사랑 물길로 싸비비[6]어 주세요

온종일 사랑하는 일로만 살아갈래
구슬땀 흘려가며 주시는 금반지[7]와
진주[8]로 걸어주시고 손가락에 끼워준

---

2) 창 2:5.
3) 창 2:6).
4) 창 2:7.
5) 창 2:9.
6) 창 2:10.
7) 창 2:11.
8) 창 2:12.

말씀의 목걸이로 한 목숨 다 바쳐서
구스 땅 거기라도 흐르며[9] 닦아내며
날 위해 십자가에서 흘리시는 오오오

오오오 아니에요 당신을 봐야하리
눈으로 보이게 해 주세요 사랑 들고
앗수르 거기에서도 우리 같이 전해요

흐르는[10] 말씀 강을 열어서 가슴으로
입[11]으로 말씀전할 말하게 사랑한다
푸덩덩 깊으디 깊은 말씀 강[12]을 전해요

우리는 서로서로 반쪽의 가슴예요
눈으로 봐야[13]해요 제에발 보여줘요
터엉 빈 당신 옆구리 사랑 들여 놓게요[14]

입으로 맞추어서 새들아 지저귀라

---

9) 창 2:13.
10) 창 2:14.
11) 창 2:14.
12) 창 2:14.
13) 창 2:18.
14) 창 2:20.

오리야 새끼 모아 떼 지어 다니거라
가슴이 쏟아지도록[15] 서로서로 불러요

당신[16]을 생각해요 당신의 가슴에요
온 통 제 생각뿐인 당신이 사랑하는
말씀이 쏟아져 나와 흐르느라 넘쳐요

그대가 들었어요 가슴이 들어있어
당신이 하라하매 저는 늘 말하느라
당신이 하라는 대로 움직이는 복음[17]이

당신은 말씀이고 전 다만 전하려는
당신이 하라 하매 전하는 살아덩이
당신의 갈빗뼈에서 잘린[18] 가슴이에요

입으로 조잘조잘, 쪼르르 쫑알쫑알
떠드는 여자에요[19] 당신이 묻어나는
제가요 향기[20]이에요 여자에요 아내요

---

15) 창 2:20.
16) 창 2:21.
17) 창 2:21.
18) 창 2:23.
19) 창 2:22.
20) 창 2:23,

잘룩한 허리이며 하 예쁜 얼굴이며
당신이 눈[21] 못 떼는 사랑의 그대덩이[22]
당신의 뼈 중의 뼈요 살 중의 살[23] 이에요

당신이 가슴으로 밀어준 당신 여자[24].
물 위의 한 지붕[25]에 가슴을 맞대[26]가며
서로가 사랑하느라 아파하는 부부요

– 창세기 2:7~25

---

21) 창 2:23,
22) 창 2:22.
23) 창 2:22.
24) 창 2:23.
25) 창 2:25.
26) 창 2:25.

잉어이랑

이영지 시집

2023년 8월 25일 인쇄
2023년 8월 30일 발행

지은이 이 영 지
펴낸이 신 용 호
펴낸곳 창조문학사

서울 서대문구 홍은동 397-26 동천아카데미 5층
등록번호 제1-263호
전화 374-9011, Fax 374-5217
공급처 한국출판협동조합 전화 716-5616~9

값 10,000원
ISBN 978-89-7734-802-8